AF232157

L 43
b
151

43

Lb 151.

COUP-D'OEIL POLITIQUE.

COUP-D'OEIL POLITIQUE,

Par un ami de l'ordre.

A HAMBOURG,

1801.

E R R A T A.

Page **2**, ligne 10, lisez gouvernant aulieu de gouvernement.

COUP-D'OEIL POLITIQUE.

Le pouvoir usurpé, à la faveur du crime,
Toujours très-chancelant, n'est jamais légitime.

Bonaparte qui, tout-à-coup s'est placé sur les débris du trône de France, qui, sous des noms différens, mais en s'entourant des mêmes accessoires, se servant des mêmes formes que la Monarchie, semble vouloir consolider son usurpation chancelante, doit fournir aux observateurs, même impartiaux, la carrière la plus vaste de méditation sur ce que peuvent l'impudence et l'audace, à l'aide d'un bouleversement total d'ordre et de morale, sur un peuple trop léger, trop ami des nouveautés, et trop facile à les accueillir, dans quelque genre qu'on les lui présente.

Ceux qui le préconisent le plus, le présentant toujours dans les circonstances les plus favorables pour lui, n'ont encore pu le justifier de la plus grande partie de ses actions, qu'à la faveur des succès dont elles ont été couronnées ; du reste, le défendant fort maladroitement de la qualification d'usurpateur, qu'il s'efforce lui-même de repousser, sans pouvoir s'en défendre aux yeux de ceux qui pensent et qui raisonnent.

Une révolution préparée de longue date par le parti des mécontens, amenée enfin par leurs menées sourdes et adroites, d'une part, et l'impardonnable imprévoyance d'un gouvernement faible, de l'autre, est un évènement d'où dérivent si essentiellement tous les tableaux que je veux m'efforcer de tracer, que je me trouverai sans cesse, en décrivant de tristes vérités, obligé de faire des rapprochemens entre l'origine de cette révolution, l'esprit qui a créé ce systême désorganisateur et celui dont est animé aujourd'hui notre nouveau gouvernement, qui prétend nous régir sous la dénomination de premier Magistrat du Peuple, de premier Consul.

Voulant asseoir un jugement que les évènemens qui se succéderont puissent justifier dans plus ou moins de tems, je ne prendrai mes assertions, et ne tirerai mes conséquences, que des faits bien connus, de leurs rapports entre eux, et laissant de côté tout ce qui pourrait donner de l'aliment aux préjugés ou à l'esprit de parti, je ne verrai l'homme dont il est question que par ses propres actions, ne pouvant le séparer pourtant des grands évènemens qui, en peu d'années, l'ont fait de rien tout.

A partir de l'époque où il ne parut prendre encore qu'une part très-secondaire aux coups affreux qui nous accablaient, est-il un être raisonnable et clairvoyant qui ne puisse découvrir en lui, dès lors, ce germe révolutionnaire, cet esprit de subversion et de désordre, nécessaires à tous ceux qui,

comme lui , n'ont obtenu , dans ces tems de cala-
mité et de deuil , le suffrage des monstres qui
nous creusaient la tombe, qu'en prêchant les mêmes
maximes , qu'en appuyant ce honteux dévouement
par les premières épreuves du crime : devant pourtant se dire à eux-mêmes , si ce règne de meurtre
et de destruction cesse , tous les supplices nous
attendent. Siége affreux de Toulon , vous aviez
été pour Bonaparte l'apprentissage des forfaits :
Treize Vendemiaire , vous fûtes , pour ainsi dire ,
le berceau de son existence politique , et l'entrée
au vaste champ de l'ambition. Ce n'est pas avec
un esprit juste, une ame droite et pure , que l'on de-
vient le servile instrument des intrigans , des fri-
pons et des scélérats ; bientôt après , un des agens
trop fidèle de leurs suprèmes volontés ; ensuite ,
le régulateur de leur exécrable systême ; puis
enfin , assez fort de leurs principes , pour élever
sa puissance éphémère sur des monceaux de ruines
amoncelées par des mains criminelles et san-
glantes : non , tout cela peut bien appartenir à
un imitateur imparfait de Cromwel , mais non
pas à un cœur vertueux.

Le gouvernement de France était , disaient de
certaines gens , dans l'état de décrépitude ; ses
rouages usés ; cette Monarchie Française ne se
soutenait plus ; un changement était nécessaire ,
inévitable ; il fallait un autre ordre de choses ; il
fallait se régénérer , etc. etc. etc. Voilà , à peu

près tous les raisonnemens de beaucoup d'individus ou trompeurs ou abusés; voilà avec quelle logique vague et insignifiante ces gens méchans ou trompés, conduit par l'esprit de vengeance, ou dans l'aveuglement, ont trouvé des motifs suffisans pour tout renverser, sans intentions de réédifier, et sans moyens pour le faire. Le gouvernement était usé, disiez-vous, vils intrigans! et vous n'avez pu faire oublier une seule des lois fondamentales de cette antique et respectable Monarchie, et tous les jours vous étiez trop heureux de vous rattacher à quelques-unes de ses coutumes, de ses usages, consacrés par l'expérience et la sagesse de ceux qui nous ont précédé. Mais vous en vouliez au bon ordre, aux gens honnêtes et vertueux; vous aviez tous des taches ineffaçables; vous ne pouviez plus soutenir la vue des gens de bien; alors il a fallu effacer jusqu'aux moindres traces du bon ordre et des vertus, pour que vous puissiez paraître avec impunité, pour que vous puissiez être quelque chose. Le gouvernement était détestable, à vous entendre; et quelques abus que le tems amène toujours, mais que la raison réforme sans peine, furent pour vous des pièces authentiques pour dresser l'acte de condamnation et de proscription de tout ce que les Français devaient avoir de plus cher, et que le tems seul, et la destruction de vos affreux principes, pourront leur rendre un jour.

(5)

Quel est le gouvernement qu'il faut considérer comme usé ? si ce n'est celui dont les gouvernans et les lois ne valent rien ; si ce n'est celui dont cette révolution, destructive de tous principes moraux, nous a fait le fatal présent. Un pays comme la France, dont les lois et les usages étaient devenus, par une suite dé plusieurs siècles, si conformes aux mœurs et à l'esprit de ses habitans, n'avait pas besoin d'innovations, ne demandait que de légères réformes dans les accessoires et non pas dans le fond. Ce sont vos prétendues Constitutions, Machiavélistes insensés, qui, n'ayant rien de respectable, rien de calculé, n'étant que le produit de circonstances désastreuses, et les embrions informes de vos cerveaux volcanisés, furent non seulement usés dès leur naissance, mais encore le présage sinistre d'une usurpation méditée, les causes irrécusables de l'abus du pouvoir, de l'esprit de rapine et d'envahissement ; la porte à toutes les prétentions extravagantes et injustes, et l'inoculation la plus fâcheuse d'une démoralisation générale occasionnée par le rapprochement, malheureusement forcé, de la classe vertueuse, mais infortunée, de celle des intrigans riches et tout-puissans d'à-présent : de-là est résulté cet affaiblissement progressif des bons principes, cette condescendance coupable des gens honnêtes, mais sans caractère, ou cupides, pour les êtres sans principes ; fortifiés encore par nombre infini

d'alliances discordantes , créées par l'irréflexion ,
l'amour des richesses , et de ce que l'on ose appeller
des honneurs.

Gens à nivellement , à révolutions , vous avez
dispersé le Peuple Français loin de ses foyers, loin
de ses plus douces habitudes ; vous l'avez attaqué
dans ses propriétés , dans sa sûreté personnelle ,
dans ses affections les plus chères ; vous en avez
fait disparaître une portion , malheureux ! et cela
ne vous a pas encore suffi ; il fallait vous efforcer
de gangrenner de toute la turpitude de votre détestable morale les restes infortunés de ce peuple
aimable , bon , et naturellement enclin aux vertus
douces et sociables : il le fallait, en effet, pour
que les yeux du plus grand nombre restassent fer-
més sur tout ce que l'état des choses actuelles
offre de peu satisfaisant pour la tranquillité pu-
blique , pour la sûreté des honnêtes gens, et la
prospérité de notre malheureux pays.

C'est avec ces principes destructeurs , dont on
n'a que trop senti les malheureuses conséquences,
que tous ces innovateurs , dans l'origine de notre
bouleversement comme depuis , sont venus à la
tête de toutes les parties de l'autorité ; c'est avec
ces idées fausses et erronnées , qu'ils ont prêché
avec délire , et propagé avec frénésie , ces lois
d'abstraction et de nivellement ; et c'est avec ces
mêmes principes que Bonaparte est venu sur la
scène politique ; d'abord à Toulon , coopérateur

des mitraillades en masse , sous les ordres des
Barras et Fréron , vils suppôts de la Convention
nationale ; ensuite à Paris , l'instrument servile
des volontés de cette même Convention , le treize
Vendemiaire.

Passant rapidement sur l'espace de tems pendant lequel , en Italie , il construisit l'édifice de
sa puissance momentanée ; pendant lequel , servant des scélérats , il a manqué plus d'une fois en
être victime ; et ne faisant que traiter légèrement
son règne passager d'Egypte , contrée témoin de
toute sa souplesse , en fait d'opinions religieuses et
politiques , revenons avec lui de cette fameuse expédition , et voyons sans préventions quel esprit
le fait agir , et quel résultat nous devons nous en
promettre.

Avant que de former aucunes conjectures sur
son retour d'Egypte , aussi inattendu que surpre-
nant , on est forcé de le voir fugitif , abandonnant
à d'autres le soin de son armée , livrée à tous les
hasards d'une guerre difficile , et à tous les fléaux
d'un sol mal sain et brûlant ; se débarrassant d'une
responsabilité énorme , sans d'autres autorisations
que sa propre volonté ; ayant tout fait pour entraîner dans cette expédition chevaleresque des
êtres crédules. Sans vouloir discuter si cette entreprise lointaine était un ostracisme , ou un exil
volontaire , ou une opération tenant seulement à
la politique , nous le voyons revenir presque seul ,

ayant emmené loin de la France des hommes choisis dans tous les genres , en emportant des trésors immenses : et pourquoi faire , je le demande ? Toujours pour innover , pour niveller , et pour inoculer , chez un peuple tranquille et commerçant , tous les germes du désordre , de la discorde et de l'anarchie.

Après avoir , au prix de l'or et du sang , tenté tout pour en imposer ; joué tous les rôles que le charlatanisme et la mauvaise foi peuvent suggérer ; s'être servi d'une tolérance feinte , pour s'applanir un chemin à travers les préjugés et les idées religieuses , dont les habitans de ces contrées sont dominés ; après avoir , par les armes , détruit alternativement une partie de ces peuples étrangers à ses extravagantes prétentions , et le plus grand nombre des tristes victimes que l'amour du gain , ou une confiance aveugle avaient entraîné sous ses drapeaux ; après avoir enfin , échoué dans ses folles entreprises au pied d'une forteresse de Syrie, il termine son rôle d'Afrique , en sacrifiant les intérêts de tous ceux qui comptaient sur lui , à ce que l'ambition n'a jamais cessé de lui dicter ; abandonnant furtivement ces malheureuses contrées , désolées par l'esprit de désordre qu'il y avait porté , et laissant livrés à leur malheureux sort les pauvres dupes qu'il avait abusé par une réputation exagérée et factice.

Être surpris du succès de sa traversée , est bien

permis ; car il lui fallut, en apparence, surmon
ter bien des obstacles : voilà cependant les réflexions, ce me semble, que l'on pourrait faire,
quant au bonheur qu'il eut d'échapper à la sur-
veillance des Anglais : ces ennemis implacables
des Bourbons n'ont pu pardonner à la Dinastie
détrônée sa conduite, tant du tems du Protectorat,
que tout récemment dans la guerre d'Amérique.
N'ont-ils pas une secrète joie de se voir vengés par
les évènemens, quels qu'ils soient ? ne saisiront-ils
pas avec empressement les moyens d'humilier, et
même d'anéantir, par les fléaux de l'insurrection
et de la rébellion , ceux qui protégèrent si impru-
demment et si impolitiquement l'usurpation et
l'esprit de révolte, contre des pouvoirs reconnus
et légitimes ? Si de ces puissantes considérations,
il en doit résulter pour l'Angleterre le desir cons-
tant de tout tenter, de tout mettre en usage pour
ôter à jamais aux Bourbons tout espoir de régner
en France, nous devons aussi considérer qu'après
une guerre aussi longue, et couronnée pourtant,
de succès pour eux, leur propre intérêt, l'impor-
tance de nos relations commerciales pour l'Angleterre, doit leur faire desirer un ordre de chose en
France plus stable ; et nous devons penser qu'ils
le favoriseront même, n'importe sous quelle dénomination, pourvu que la famille qui a le droit
de prétendre au pouvoir suprême, en soit, pour
toujours, déchue. Ainsi, sans préjuger sur les re-

lations que la politique cachée de Bonaparte peut
s'être ménagé, on pourrait croire que sa traversée
n'a pas dû souffrir autant d'empêchement que
beaucoup de gens l'imaginent : réfléchissons d'ail-
leurs à la possibilité de conventions secrètes, et à
l'avantage inappréciable, pour nos ennemis, de
trouver un individu aussi remuant et aussi ambitieux que Bonaparte, pour seconder leurs projets
de vengeance. Cette observation n'a sûrement pas
échappé à Sidney Smitt.

Son arrivée d'Egypte, si inattendue pour les
Spectateurs de la scène politique , fit deux sensa-
tions bien distinctes sur ceux qui en étaient les
acteurs ; car on put remarquer une joie démesu-
rée , d'une part, et une haine bien prononcée, de
l'autre ; mais on ne parut pas pressentir les évènemens qui , peu après, eurent lieu , ou du moins ,
craignit-on réciproquement de se faire sur cela des
confidences, et par des motifs, je crois , bien différens. Ses vrais partisans, et on peut mettre de ce
nombre tous ceux qui se voyaient prêts à disparaître du théâtre politique , se serrèrent autour de
lui ; personne n'eut l'air de lui faire un mauvais
accueil, et ses plus grands ennemis , semblèrent
même lui faire beau jeu , sûrement pour le mieux
prendre aux piéges qu'ils lui tendaient. Un examen
rapide qu'il fit de l'état des choses ; un dépit se-
cret de voir la première route qu'il s'était tracé
vers l'autorité, effacée par l'influence des gens

d'alors ; les sentimens de vengeance que devaient faire naître les motifs qui avaient guidé le directoire, en lui indiquant un voyage d'Egypte, et plus encore, l'état de nullité, pour ne pas dire plus, auquel il allait être réduit, toutes ces considérations produisirent en peu de jours l'idée, le plan et l'exécution de tout ce qui arriva le 18 Brumaire an 8.

Cet évènement remarquable devait étonner le plus grand nombre, et par l'idée qu'on devait se faire de la difficulté de l'exécution, et en raison du peu d'intelligences que l'on devait supposer à Bonaparte dans le centre du gouvernement directorial : mais si l'on considère combien était faible et sans moyens alors la majorité de ce Directoire ; combien ces êtres, on peut dire vils et scélérats, étaient peu faits pour conserver le moindre pouvoir ; combien toutes les branches de l'autorité étaient prêtes d'une dissolution totale, on sentira facilement ce qu'un peu d'audace, soutenue par la force des bayonnettes, devait avoir de succès.

Les malheureux évènemens de Fructidor portèrent le coup le plus funeste à ce Directoire, qui, s'il eût été composé de gens assez éclairés pour sentir ce que leur position avait de favorable, assez probes et bons politiques pour faire oublier par une bonne administration le régime affreux qui venait de les précéder, auraient perpétué ce genre d'autorité plus long-tems que ne pourra

l'être tout autre, qui ne sera pas la Monarchie
héréditaire; mais nous savons tous dans quel tems,
au milieu de quel désordre prit naissance cette
Constitution de l'an 3, et avec quels hommes il
fallut commencer à la mettre en activité. Le 18
Fructidor mit à découvert tout ce que l'esprit du
Directoire avait de pervers et de tirannique : on le
vit mutiler cette charte constitutionnelle qu'il
était spécialement chargé de protéger, de défendre : de ce moment, reprirent vigueur toutes ces
lois arbitraires, ces vexations en tous genres ; ces
atteintes à la sûreté des personnes et des propriétés;
enfin, l'emprunt forcé, et nâquit la loi des ôtages :
ces insensés ne mettant plus de bornes à leurs ex-
cès, voyaient le précipice affreux dans lequel ils
entraînaient le Peuple Français, et où ils allaient
eux-mêmes se perdre, sans pouvoir remédier en
rien aux maux incalculables enfantés par leur
profonde ineptie et leur scélératesse consommée.
Dans cet état déplorable des choses, la France,
prête encore à plier sous le régime sanglant de la
terreur et de l'anarchie, glacée de stupeur et d'ef-
froi, soupirait après un changement, sans pouvoir soupçonner ce qui pouvait l'amener, et à
quel moyen simple et usité de tous les tems, elle
serait redevable d'un événement si important pour
elle. Un ambitieux devait le mettre en usage, ce
moyen; et comment ne s'en serait-il pas trouvé
un ? Les fastes de l'histoire ne nous apprennent

que de reste, comment une révolution commence,
comment elle se perpétue ; et que c'est le plus
impudent qui la termine, c'est-à-dire, qui usurpe
tout. Bonaparte se trouva là : écho de tout le
monde, il nous trouva mal gouverné, changea
tout, pour s'emparer de tout, et s'empara de
tout, pour faire tout bien. Ses promesses devant
être nécessairement liées avec ses intentio s, plus
encore avec ses actions, examinons d'où dérive le
bien qui s'est opéré, et les moyens qui sont en lui
pour nous rendre heureux, non pas seulement par
la cessation du mal, mais encore par les bienfaits
dont il peut nous faire jouir : avant tout, passons
en revue les évènemens de Brumaire.

Au premier Brumaire, rien n'était moins pré-
paré que ce qui arriva le 18 ; il est même probable
que le désir d'opérer un changement, et les efforts
que pouvaient faire à cet égard beaucoup de gens,
n'étaient, tout au plus, que pour éloigner, chacun dans leur sens, des individus à qui ils en vou-
laient, ou qui les gênaient, mais non pas de
faire une révolution nouvelle, une innovation totale : en cela, ceux qui seuls alors se remuaient,
et qui auraient provoqué ce genre d'insurrection,
n'auraient plus agi selon le principe constitution-
nel et représentatif qu'ils avaient tant préconisé,
et détruisaient l'ordre de chose le plus supportable
qu'on pût avoir, sans Monarchie, pendant que le
remplacement de quelques individus, par d'autres,

finissait tous les débats : on aurait pu croire aussi
que Bonaparte, qui avait conduit des armées ré-
publicaines au cœur de l'Italie, qui en avait fait
la conquête, qui, au prix de l'or et du sang des
Français, avait cherché et avait réussi momenta-
nément à créer des gouvernemens, à l'imitation
de ce gouvernement directorial sous les ordres du-
quel, et pour lequel il avait juré cent fois de
vaincre ou de mourir : on aurait pu croire, dis-je,
qu'il n'aurait prêté son influence et son bras qu'à
un changement dans les abus de la chose, sans
rien innover au fond de cette constitution, qu'il
ne devait pas trouver plus mauvaise alors, quant
à elle, que lorsqu'il commença à combattre pour
sa conservation et son affermissement. Cette re-
marque-ci amène nécessairement cette réflexion :
que l'intérêt particulier est le mobile des hommes
à grande réputation ; que ce grand amour du bien
public qu'ils affichent avec ostentation, n'est que
le manteau dont ils couvrent l'ambition et l'envie
de dominer qui les dévorent, et que les efforts ap-
parens, que ces êtres à grandes vertus employent
pour réformer les abus commis par ceux dont ils
prennent la place, est pour eux le plus sûr moyen
d'en créer de nouveaux, à leur profit, non moins
grands, ni moins à charge pour tous ceux qu'ils
dominent. Bonaparte, en cette occasion, pouvant
coopérer, dans le sens républicain, à rendre au
Corps législatif la liberté dont il ne jouissait plus,

et à ce Directoire, la consistance qu'il n'avait plus, et être, par cela même, conséquent avec toute sa conduite antérieure, prit au contraire la route que l'ambition lui inspirait, que le pouvoir absolu lui traçait, et que l'impéritie des gouvernans d'alors lui rendait facile.

A l'aide de quelques particularités connues depuis le 18 Brumaire, an 8, et les observations qu'on a pu faire sur l'incertitude de Bonaparte dans l'exécution de son projet, on remarquera sans peine combien cette résolution tenait bien plus à un parti pris précipitamment, qu'à un plan réfléchi et mûri. Il voulait, on n'en peut douter, arriver, n'importe cómment, au pouvoir absolu ; mais huit jours avant son coup d'autorité, il n'en avait pas encore les données ; il hésitait, et n'appercevait que très-confusément la route qu'il fallait tenir. Un seul des Directeurs pouvait lui présenter bien des obstacles ; et son rapprochement de Bonaparte ne pouvait être que l'ouvrage d'un tiers, mais d'un tiers bien fin, bien politique, et à qui cette réputation justement méritée, donnât à l'un assez de confiance pour compromettre en un instant le fruit de plusieurs années de Machiavélisme et de jonglerie, et à l'autre, assez d'assurance pour s'ouvrir à un rival en autorité, aussi délié et aussi caché que l'ex-ambassadeur à Berlin. Cet espèce de prodige ne pouvait s'opérer que par le Ministre des relations extérieures

d'aujourd'hui : en effet, il les rapprocha, les réu-
nit chez lui, les fit s'entendre, et d'accord sur le
tout, trois fois vingt-quatre heures suffirent pour
couronner cette résolution précipitée de la réussite
la plus complette, du moins pour Bonaparte ; car
il est bien permis de mettre en doute si le ci-devant
abbé, porté pour un moment à la tête de tout,
pour être un des coopérateurs du nouvel ordre de
choses, investi ensuite d'une place prétendue émi-
nente, mais insignifiante, et enrichi de plus d'un
immeuble donné par la munificence nationale,
s'attendait au dénouement qui eut lieu, et s'il
peut maintenant donner un assentiment bien sincère à tout ce qu'on parut faire de concert avec
lui et sans lui. L'ex-Directeur devait savoir que
le pouvoir suprême ne se partage pas entre deux
ambitieux.

Passant légèrement sur le départ du Corps législatif de Paris, et son installation d'un moment
à St.-Cloud, considérons combien l'attaque et la
résistance étaient mal concertées ; reportons-nous
seulement aux simples exposés que l'on a fait de
cette journée, et remarquons-y d'une part l'irré-
solution la plus grande dont étaient agités les divers partis existans dans les deux Conseils, et
de l'autre, le peu d'assurance de Bonaparte, sa
conduite peu réfléchie pour sa propre sûreté ; les
dangers extrêmes que son imprévoyance, et même
son manque de fermeté, lui firent courir au

milieu de ses ennemis jurés ; dangers qui, seuls,
lui donnèrent assez de force pour porter le coup
décisif ; aidé en cela bien efficacement par le vrai
courage de son frère, qui, pourtant n'avait pas de
bayonnettes à ses ordres. Après tout, les plus
grands évènemens offrent à peu près les mêmes
circonstances ; les théâtres, les acteurs sont différens, mais les fautes ou l'audace de ceux qui
jouent un rôle sur la scène politique, y donnent
toujours naissance.

Après ce succès complet, Bonaparte dut cher-
cher à rallier les uns, neutraliser les autres, et,
en général, se faire des amis. J'entends rallier
tous ceux qui plus ou moins avaient été froissés
sous le régime directorial, et s'en faire une égide ;
neutraliser tous ceux dont il venait d'attaquer
trop essentiellement les intérêts, pour pouvoir es-
pérer de s'en faire jamais des amis, et enfin se
faire des amis de tous ceux qui, las des vexations
et des oscillations qu'ils venaient d'éprouver si
long-tems, devaient embrasser cette faible lueur
d'un moins mauvais avenir, avec enthousiasme ;
je dirai plus, avec une sorte de reconnaissance.
C'était bien, pour un usurpateur, le plus bel au-
rore de la prospérité et de la réussite, que de se
placer à la tête des affaires à une époque où tout
le monde était forcé de desirer un autre ordre de
choses, quel qu'il fût, ne pouvant être pire, ni
plus fâcheux qu'avec les Membres du Directoire
du 17 Brumaire an 8.   3

Les individus qui ont dû favoriser Bonaparte, ou tout au moins, ne pas l'entraver dans sa marche, doivent être divisés en plusieurs classes ; et de l'analyse que je vais en faire, on pourra, sans peine, en tirer des conséquences, toutes aussi défavorables pour la durée de son règne, que les principes par lesquels il prétend régir la France, le sont pour elle. Nommons d'abord tous ceux qui, entrés dans la carrière révolutionnaire, ont, par esprit de calcul et une conduite adroite, fait leur profit des divers évènemens, sans se laisser entraîner dans la chûte de ceux qui les avaient fait naître ; ceux-là ont un besoin insatiable d'être quelque chose ; vrais Caméléons, ils changent toujours au besoin, et ne se trouvent jamais en défaut, ni avec les circonstances, ni avec leurs intérêts : cette classe est la plus nombreuse de toutes celles qui environnent en ce moment le premier Consul ; et on peut calculer aisément quel fond il peut faire sur elle. Viennent les gens faciles à éblouir, amis du nouveau, et donnant sur-tout raison à celui qui a réussi, n'importe par quel moyen ; ceux-là ne lui seraient pas encore d'un grand secours, si la fortune l'abandonnait un instant. Nous voyons arriver ensuite les hommes trompés sur ses véritables intentions, qui ne le carressent que par ce motif, et qui tous ne manqueront pas de lui tourner le dos, à mesure qu'ils se verront déçus dans leurs espérances. Nous

pouvons indiquer aussi les insoucians , les égoïstes ,
qui , se trouvant à peu près bien , et sortis sains
et saufs des orages de la révolution , sans prôner
beaucoup le premier Consul , le trouve aussi bien
là qu'un autre : ce corps de réserve ne donnerait
sûrement pas , en cas d'action. Citons encore ceux
qui lui ayant paru d'opinion trop extrème , ont
été éloignées des emplois , et ne disent du bien de
lui , que pour pouvoir en dire d'une place ; ces
gens-là crient toujours bien haut pour celui qui
est en évidence. Quant à ceux qui ont suivi sa fortune , depuis qu'on parle de lui , et c'est le plus
petit nombre , ce sont les seuls qui , en cas d'évènemens fâcheux , voulussent imiter les Spartiates
au passage des Thermopiles , pour la défense de sa
cause : tous les autres , indistinctement , ont des
motifs particuliers qui les guident , et pas un de
ces motifs n'est fait pour concourir à sa stabilité ,
ni pour l'aider efficacement dans ses vues. C'est
pourtant avec cet assemblage bisare de gens op-
posés d'idées et d'intentions , qu'il veut régir toutes
les parties du gouvernement ; c'est à eux qu'il con-
fie le soin de le seconder et de l'accompagner jusqu'à l'apogée du pouvoir. Quelques êtres probes et
éclairés ont été appellés aux emplois ; mais ils
sont en petit nombre ; les intrigans de toutes sortes
occupent les plus éminens ; pour les gens honnètes
et les honnètes gens , ils restent dans l'oubli et
dans la nullité ; car , à présent plus que jamais ,

point d'intrigues ou d'argent, point de place ; tout se donne aux plus offrans, on s'accorde aux plus humbles et aux plus rampans. Peuple Français ! voilà les rouages de ton nouveau gouvernement, et voilà par quels moyens on prétend restaurer la machine politique, encourager l'agriculture, les manufactures, le commerce, les sciences et les arts.

Bonaparte, dira-t-on, avait tout à faire, et bien des maux à effacer ; déjà nombre de lois, de règlemens tiranniques ont disparus. Je dirai, moi, qui attaque bien plus le vice profond de sa politique, que ses moyens personnels ; je dirai que le changement qui s'est opéré, n'importe qui l'eût fait, devait de lui-même entraîner la majeure partie des abus affreux qui nous accablaient ; bien plus, la propre sûreté, le succès du nouveau Gouvernant, étaient essentiellement attachés à la disparution très-prompte de tout ce qui révoltait, et qui l'avait facilité lui-même dans le renversement de ses prédécesseurs.

Maintenant, voyons Bonaparte avec le desir sincère de nous procurer la paix ; examinons, en dernière analyse, ce que sa prétendue influence a pu, jusqu'à présent, sur nos ennemis, et ce qu'on peut attendre du système électif qu'il vient de mettre en vigueur ; système qui ne peut promettre qu'un calme très-passager dans l'intérieur, et jamais de garantie suffisante aux Puissances qui nous environnent.

Un an entier d'un gouvernement plus relatif
avec ceux qui nous font la guerre , par conséquent
plus centralisé , et dirigé pour dix années , par un
homme venu à la tête des affaires avec des dispositions pacifiques , n'a encore rien changé à la politique de l'Europe , pour l'observateur : même at-
titude , à peu de chose près ; pareil esprit dans les
divers cabinets de l'Europe ; mêmes dispositions
guerrières et appareils menaçans : je dirai plus ,
un coup de tête , une entreprise folle , le passage
du Saint-Bernard , une bataille de Maringo , enfin,
n'a rien produit jusqu'à présent , qu'une destruction affreuse de l'humanité , et la conviction pour
nos ennemis qu'une audace aussi grande , décèle
bien plus un grand courage que de grandes res-
sources.

Les prétentions exagérées des deux partis , ou
d'un des deux , sembleraient être l'obstacle le plus
grand à la pacification , qui paraît si desirée et si
desirable , sur-tout pour le premier Consul. Je
crois pourtant qu'on peut bien plutôt en attribuer
le retard à son peu de consistence sous bien des rapports , et bien plus encore au système électif qu'il a
apporté avec lui en venant à l'autorité : ce dont je
veux faire le résultat de toutes ces diverses considérations politiques.

L'avènement de Bonaparte à l'autorité ayant ,
par sa nature , détruit beaucoup de maux , et
centralisé le gouvernement , il en est résulté un

bien réel , quant à présent ; et la paix tant an-
noncée , tant desirée , ferait trouver l'état de chose
présent à peu près supportable ; l'homme qui y
aurait coopéré mériterait de la reconnaissance ; et
habile à profiter des circonstances heureuses qui
l'auraient servi , comme de celles que son génie
aurait fait naître , on pourrait lui présager un
règne long et paisible : c'est avec toutes ces sup-
positions favorables que je veux bien voir la France ;
détruisant moi-même le doute que je formais , sur
la confiance que les Puissances étrangères peuvent
avoir en Bonaparte , et oubliant pour un moment
les vices que l'on peut raisonnablement voir attachés à un gouvernement qu'il n'a pu former qu'a-
vec l'appui de tous êtres gangrenés de l'esprit révolutionnaire , et imbus de celui d'envahissement
de tous les pouvoirs et de toutes les richesses. Me
résumant donc à cette seule question : Que peut-on
se promettre d'un gouvernement purement électif
en France ? Je vais faire un paralelle entre l'état
paisible et celui de trouble , dans lequel mon pays
pourrait être lors d'une nouvelle élection , et exa-
miner , sans esprit de parti , ce que de pareilles
époques peuvent encore causer de maux à notre
patrie , exciter de désordres , et réveiller de gens
ambitieux et entreprenans.

L'état de calme , lors d'une nomination aussi
importante pour un pays , que celle de son chef
suprême , laisserait la facilité de continuer dans

ce poste important celui à qui on devrait en grande
partie cet état de tranquillité ; ce ne serait toujours
qu'un terme plus ou moins long ; et si , comme
jadis en Pologne , il en était possesseur à vie , on
pourrait en investir , par motif de reconnaissance ,
l'héritier de celui qu'on aurait à regretter , sans
que l'on voulût que cela tirât à conséquence ; mais
que de troubles , de cabales , à redouter , dans le
premier cas , et quelles énormes prétentions ne
laisse-t-on pas à une famille , dans la seconde
supposition ; il est plus que probable même , que
le système héréditaire prendrait son origine de
cette époque : on peut même présumer que c'est
de circonstances semblables que de tout tems il
prit sa naissance dans tous les pays : ce ne serait
pas , après tout , le plus grand malheur que cette
infraction à la charte constitutionnelle ; car ce
mode d'élection , malgré la paix intérieure et ex-
térieure , que je suppose , ne pourrait manquer
d'ouvrir la porte aux prétentions de plusieurs , et
faire éclore des motifs d'ambition et de regret assez fondés de la part du successeur du dernier Po-
tentat : dès lors , la guerre civile et toutes ses hor-
reurs : ainsi donc , dans cette première hypothèse,
ou le but serait manqué , ou la guerre intestine
existerait.

L'état de trouble indiquerait , tout au moins ,
une mauvaise administration de la part de celui
qui viendrait de gouverner , ou des restes de

fermentations sourdes; et alors quelle occasion malheureusement plus favorable aux intrigans et gens remuans, que celle d'un nouveau choix à faire, pour tout renverser, pour afficher de mauvaises prétentions, les fortifier par des menées secrètes, ou les appuyer par la force des armes, et que l'on calcule d'après cela les malheurs infinis qui doivent nécessairement résulter de ce mode vicieux de gouvernement, sur-tout pour les pays les plus étendus.

Les partisans de l'élection m'objecteront, je le sais, l'inconvénient de voir souvent passer, avec le système héréditaire, les rênes de l'état, des mains d'un homme habile dans celles d'un faible ou d'un inepte, quelquefois même, d'un despote dur et cruel. Et n'a-t-on pas, leur dirai-je, tous ces inconvéniens à redouter des élections, qui toujours sont influencées par l'intrigue, les cabales, l'argent, et même la force ? N'étant pas au pouvoir des hommes les plus sages d'empêcher, même par de bonnes lois, les vices inséparables de ce genre de gouverner, où, dans plus qu'aucun autre, les passions des hommes ont si beau jeu pour s'exercer, il ne me reste, ce me semble, qu'à considérer ce que le mode héréditaire peut offrir d'avantageux sous le rapport social et politique ; et le mettant en opposition avec les vices énormes de l'autre système, je laisserai aux gens sensés à décider.

On peut, je crois, sans faire un rapprochement déplacé, comparer le chef d'une Monarchie héréditaire, à celui d'une grande famille ; les sentimens qu'on doit croire à ce dernier, avec raison, sont ceux de sollicitude et de tendresse pour tout ce qui le touche et l'environne ; c'est la conservation de son héritage qu'il a à cœur ; c'est le bonheur et la prospérité commune qui fait tout l'objet de ses vœux ; un desir sincère de maintenir l'union et la concorde, entre tous, est ce qui l'anime, et les soins les plus assidus, pour ne laisser à ceux qui lui succéderont, aucun germe de dissention ni de discorde, sont ceux qui l'occupent sans cesse : de-là dérive tout naturellement le desir ardent qu'il a d'être bien avec tous ses voisins ; de ne pas empiéter sur leurs droits, plus qu'il ne veut qu'ils empiètent sur les siens ; d'avoir la paix avec eux, basée sur la justice et l'équité, et d'inspirer à ses enfans le même esprit. Chacun de ceux qui composent cette famille, adoptant le genre d'occupation que le sort, ou ses dispositions naturelles lui assignent, connaît les devoirs qui lui sont tracés, s'en repose sur le père commun pour les intérêts respectifs ; et lorsque le destin enlève ce père chéri, chacun de ses enfans, reconnaissant les droits que la nature et la raison lui ont délégué, se place au poste qui lui est dévolu, sans délais, sans altercations et sans bruit. Ce que l'on peut remarquer d'avantageux dans cet ensemble d'une grande famille, en faveur de l'accord et de l'union, se retrouve également avec la Monarchie héréditaire en faveur de l'ordre social et d'une bonne et sage politique; d'où résulte, à coup sûr, le bonheur du pays qui est gouverné de cette manière.

Quant à ce qu'on appelle esprit public, amour brûlant de la patrie, dont tant de gens parlent sans cesse, et qu'ils comprennent si peu, voici où j'en trouve les véritables bases : Que toutes les familles d'un grand État, comme la France, se composent de bons époux, de bons pères, et de bons fils, et par conséquent, de fidèles observateurs des lois; c'est alors que vous aurez un esprit public et un amour de la patrie vraiment raisonnés, profitable au bien de tous, et qu'un Roi ne pourra manquer d'être comme un père au milieu de ses enfans; mais à jamais loin de nous, j'en fais les vœux sincères, ces gens à maximes farouches, à principes exagérés, nés pour le malheur de la société, et la destruction de toute espèce d'autorité reconnue légitime.

Nota. Ces données générales me conduiront à mettre au jour dans peu, 1°. des idées relatives à la politique de l'Europe; 2°. des réflexions sur les singulières prétentions qu'a le premier Consul de croire la diriger à son gré; 3°. un développement

sur les moyens que ce même premier Consul four-
nit, sans s'en douter, aux Puissances étrangères,
pour arriver à leur véritable but : ce dont je for-
merai le contenu d'un nouveau Cahier faisant
suite à celui-ci.

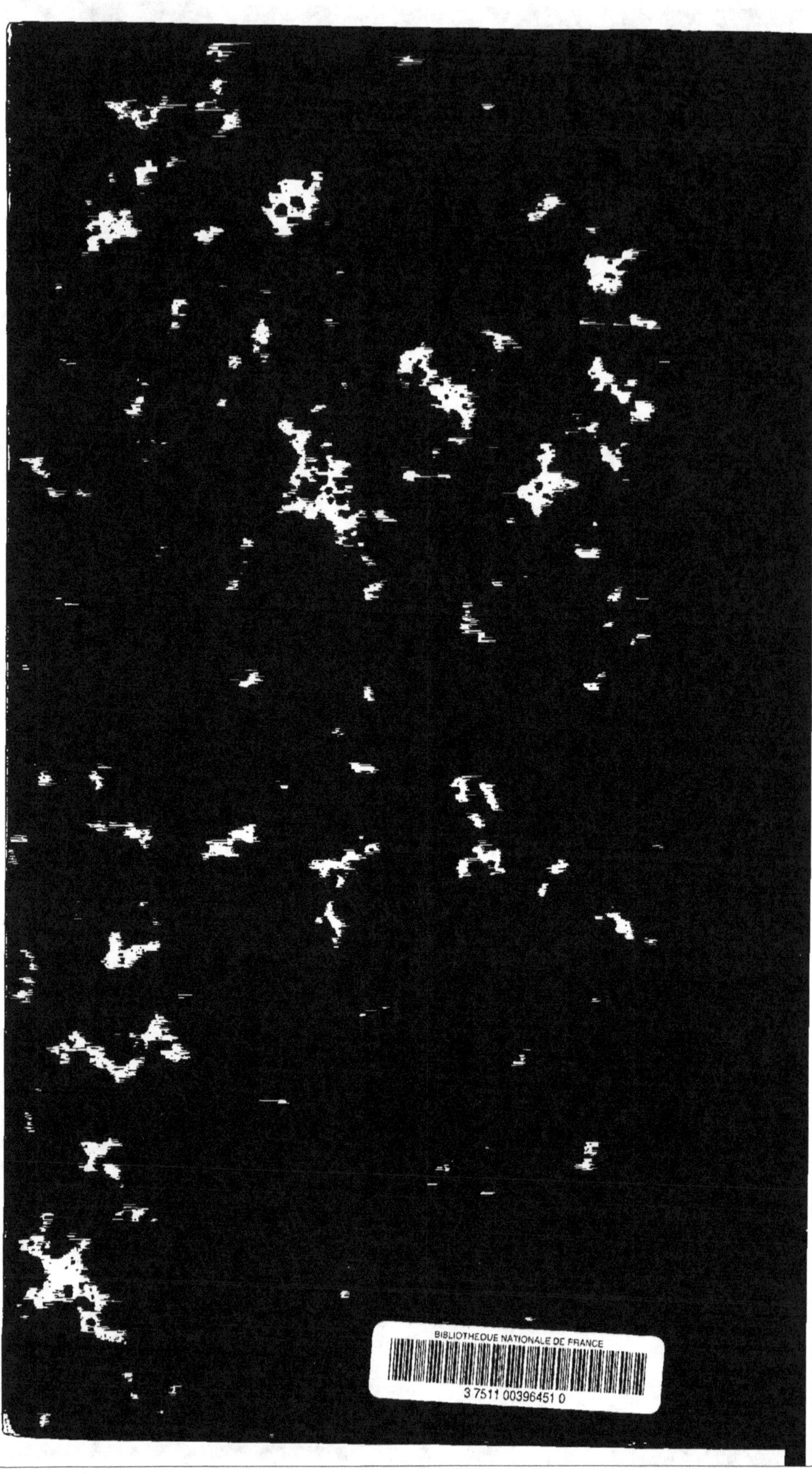